Budapest

lieben lernen

*Der perfekte Reiseführer für einen unvergessli-
chen Aufenthalt in Budapest inkl. Insider-Tipps,
Tipps zum Geldsparen und Packliste*

Daniela Zimmermann

Alle Ratschläge in diesem Buch wurden sorgfältig erwogen und geprüft. Eine
Garantie kann dennoch nicht übernommen werden. Eine Haftung für jegliche
Personen-, Sach- und Vermögensschäden ist daher ausgeschlossen. Die Be-
nutzung dieses Buches und die Umsetzung der darin enthaltenen Informatio-
nen erfolgt ausdrücklich auf eigenes Risiko.

✈ INHALT

Das erwartet Sie in diesem Buch

Der letzte Urlaub ist bereits vorüber und schon befinden Sie sich wieder zuhause in Ihrem jämmerlichen Alltagstrott, von dem Sie unbedingt eine Auszeit brauchen? Dann ist eine spannende Reise in eine der schönsten Städte Europas jetzt genau das Richtige für Sie.

Reisen Sie gemeinsam mit mir in die herrliche Stadt Budapest und lassen Sie sich ein auf einen unvergesslichen Urlaub mit einer magischen Mischung von spannenden Erlebnissen, den freundlichsten Menschen der Welt und Entspannung pur. Ich werde Ihnen auf Ihrer erlebnisreichen Reise stets zur Seite stehen und Ihnen die besten Geheimtipps mit auf den Weg geben. Ich werde Ihnen auch zeigen, wie Sie Ihren Geldbeutel in einer so wunderschönen Stadt dennoch möglichst schonen können.

Lassen Sie sich mitreißen in ein Abenteuer voll imposanter Sehenswürdigkeiten, den faszinierendsten Panoramablicken, die Sie je sehen werden, und Delikatessen, die in dem ungarischen Gourmet-Paradies das Feinschmeckerherz höher schlagen lassen.

Mit den besten Tipps und Tricks an der Hand verspreche ich Ihnen, dass Sie die ungarische Hauptstadt auf dieselbe magische Art und Weise lieben lernen werden, wie ich sie lieben gelernt habe. Lassen Sie mit dem besten Wissen, das Sie je über die Stadt und ihre Schönheiten erfahren haben, Ihre Seele für ein paar schöne Urlaubstage baumeln und erholen Sie sich wie nie zuvor auf einer so spannenden Reise.

Gemeinsam suchen wir für Sie die am besten geeignete Unterkunft, die all Ihren Ansprüchen gerecht wird, finden heraus, wann und wie Sie anreisen sollten und wie viel Geld Sie dafür einplanen können.

Kommen Sie mit in eine Welt voller Abenteuer und lassen Sie die wunderschöne Stadt Budapest auf sich wirken. Gemeinsam werden wir unvergessliche Tage und Momente verbringen, die Ihnen für immer im Gedächtnis bleiben werden.

Eine Reise in die Hauptstadt

DIE UNGARISCHE HAUPTSTADT ALS EINE DER SCHÖNSTEN STÄDTE DER WELT

Die frische Brise der Donau, der zartschmelzende Geruch von süßen Palatschinken und gute Laune in strahlendem Sonnenschein soweit das Auge reicht. Was könnte es Schöneres geben als ein warmer Sommertag in der bezaubernden Stadt Budapest.

Eine liebevolle Mischung aus spannenden Erlebnissen, neuen Erfahrungen mit den in meinen Augen freundlichsten Menschen der Welt und Entspannung pur gibt Ihnen hier genau das, was Sie unbedingt brauchen. Den bitteren Alltagstrott von zu Hause, den Stress und die Arbeit einfach mal loslassen und vergessen können. Nirgends können Sie das besser als in einer der schönsten Städte ganz Europas.

Erleben Sie eine Vielfalt von Kultur, Kulinarik und Erholung und schenken Sie Ihrem stets gestressten Körper eine unvergessliche Auszeit. Geben Sie Ihrem Mut einen Ruck und lassen auch Sie sich in die Tiefen der Schönheit Budapests mitreißen. Lassen Sie sich versichern, dass es nicht viel braucht, um die bezaubernde Stadt Budapest genauso lieben zu lernen wie ich.

Als neuntgrößte Stadt der europäischen Union gilt Budapest als Hauptstadt und Blüte Ungarns und zählt somit zu den 20 am häufigsten besuchten Städten Europas. Kaum verwunderlich, denn Budapest hinterlässt mit seinen beiden Teilen Buda und Pest, die somit auch Namensgeber der Stadt sind, sowie der wunderschönen Donau, die im Glanze der Stadt erstrahlt, einen imponierenden Eindruck.

Während Buda westlich der Donau liegt und mit urigen Burggassen und jahrhundertalten Sehenswürdigkeiten geschmückt ist, stellt das östlich der Donau gelegene Pest mit dem Budapester Stadtkern einen völligen Kontrast dar. Budapests neun sehenswerte Brücken, ermöglichen es nicht nur dem Budapester Bürger, sondern auch jeglichen Touristen, tagtäglich den Kontrast der beiden Stadtteile in einem einheitlichen Glanz zu erfassen. Somit beeindruckt Budapest mit umfassenden Charme, der für verschiedenste Touristen und dort Sesshafte etwas zu bieten hat.

Sind Sie möglicherweise kulturell interessiert? Stehen Sie mehr auf einen entspannten Sommerurlaub für das körperliche Wohl? Oder sind Sie der Typ Mensch, der gerne für einen gemütlichen Shopping-Trip eine besondere Stadt aufsucht? Eines kann ich Ihnen versichern: Egal aus welchem Grund Sie sich entscheiden, nach Budapest zu reisen, Budapest wird Ihre Erwartungen in jedem Fall erfüllen und Ihren Ansprüchen in jeglicher Weise gerecht werden.

Zum Beispiel hat nicht jede Stadt den Vorteil, auf einer Verwerfung der Erdkruste, also einer Bruchstelle im Gestein, zu liegen. Auch wenn wir mit diesem Begriff zunächst wenig anfangen können, liefert uns diese Verwerfung eine Erklärung dafür, warum Budapest besonders für seine unzähligen Thermalbäder bekannt ist.

Schon die alten Römer nutzten die Verwerfung, die dem Mechanismus eines Erdbebens zugrunde liegt, um ihre antiken Bäder zu beheizen und im vitalisierenden Heilwasser zu baden. Als Hauptbestandteil des römischen Alltagslebens lassen sich die zahlreichen Thermalbäder Budapests auch heute noch besuchen und schenken auch noch dem gegenwärtig modernen Menschen die heilenden Kräfte aus den Tiefen unserer Erde.

Neben den vielen Thermalbädern, die uns an eine antike römische Vergangenheit erinnern, erstrahlt im Herzen der Stadt auch der wunderschöne Burgpalast im heutigen Stadtteil Buda. Seine Geschichte reicht bis in das 13. Jahrhundert zurück, er fungierte als Residenz für den ungarischen König.

Wie Sie sehen, hat Budapest also über verschiedenste Jahrhunderte hinweg spannende Geschichten zu bieten, die Sie sich keineswegs entgehen lassen dürfen. Nicht jede Stadt hat die Fähigkeit, die Menschen mit ihrer Schönheit in ihren Bann zu reißen und selbst zum Strahlen zu bringen. Lassen auch Sie sich mitreißen in ein Abenteuer voller Freude und Aufregung in einer der bezauberndsten Städte unserer Erde.

DEN PERFEKTEN REISEZEITPUNKT WÄHLEN

Na, haben Sie sich schon für Budapest als Ihr nächstes Reiseziel entschieden? Prima! Dann müssen wir nur noch planen, wann und wie Sie anreisen möchten und herausfinden, welches Hotel exakt Ihren Ansprüchen gerecht wird. Eines kann ich Ihnen vorab versichern: Ganz gleich, zu welcher Jahreszeit Sie die wunderschöne Stadt Budapest besuchen werden, sie wird Ihnen immer einen unvergesslichen Aufenthalt bieten können.

Grundsätzlich ähnelt das ungarische Klima dem des deutschen. Während es bei uns im Sommer mit manchen Ausnahmen moderat warm wird, wird es in Ungarn immer ein paar Grad wärmer. Im Gegensatz dazu wird es im Winter aber einige wenige Grad kälter als bei uns in Deutschland.

Ich selbst bin ein riesiger Fan, der heißen Sommer in Budapest. Ich liebe es, wenn man in luftiger Kleidung, auf einer Bank an der Donau sitzend, den kleinen Schiffchen beim Vorbeifahren zuschauen kann, an nichts denken muss und für einige wenige Sekunden sein Leben einfach nur genießen kann.

Außerdem haben Sie hier, sollten Ihnen die Ideen für Aktivitäten in Budapest direkt ausgehen, die Möglichkeit, innerhalb von zwei Stunden den wunderschönen Balaton, bekannt auch als Plattensee, zu erreichen.

Kleiner Tipp: Planen sie neben einem gemütlichen Badetag auch ein leckeres Essen in einem der vielen preiswerten Restaurants ein, treten Sie dabei aber nicht in eine beliebte Touristenfalle: Einige Restaurant bieten den Touristen an, in Euro zu bezahlen, verlangen dann aber höhere Preise.

Da dort viele Einheimische der deutschen Sprache mächtig sind, fällt es den Bediensteten in einem Restaurant nicht schwer, deutsche Touristen auch als solche zu enttarnen. Dann versuchen sie schnell ihr Glück, indem sie mehr Geld verlangen. Zahlen Sie einfach in ungarischer Währung, den sogenannten Forint, und Sie sind auf der sicheren Seite.

Sollten Sie jedoch kein Liebhaber von Höchsttemperaturen und einem Abstecher zum Balaton sein, wollen die Stadt Budapest aber dennoch in strahlendem Sonnenschein erkunden, kann ich die Monate April, Mai und Juni wärmstens als Reisezeitpunkt empfehlen.

WIE SOLLTE ICH AM BESTEN ANREISEN?

Haben Sie sich schon entschieden, wie Sie am liebsten anreisen möchten? Sollten Sie als Familie mit Kindern anreisen und ziehen Sie es in Betracht, tatsächlich einen oder mehrere Tage an den Balaton zu fahren, würde ich mich an Ihrer Stelle für eine Anreise mit dem Auto entscheiden.

Man ist jederzeit flexibel und muss nicht für zusätzliches Geld ein Auto mieten, sondern zahlt lediglich die Spritkosten. Zudem ist eine Anreise mit dem Zug oder Flugzeug auf eine Familie hochgerechnet verhältnismäßig teuer. Allerdings darf man die lange Fahrt, die den Fahrer stark strapazieren kann, beim Abwägen gegen Flugzeug und Zug keineswegs vernachlässigen.

Sollten Sie entspannt mit dem Zug anreisen wollen, empfehle ich Ihnen, die Anreise schon weit im Voraus zu planen, da zu diesen Zeitpunkten die Zugtickets noch verhältnismäßig günstig sind. Fahren Sie entspannt mit dem ICE nach Wien und steigen dort in den Zug nach Budapest. Für ausreichend Beschäftigungsmaterial für die Zugfahrt sollte allerdings gesorgt sein, denn eine Anreise mit dem Zug kann rund 11 Stunden dauern. Angekommen im

Herzen Ungarns am Bahnhof Keleti, wundern Sie sich nicht, wenn Sie sich im ersten Moment so fühlen, als seien Sie in London am Bahnhof *King's Cross* gelandet. Tatsächlich sind sich die beiden Bahnhöfe im ersten Moment zum Verwechseln ähnlich, sobald Sie das Gebäude aber verlassen, kann man von außen kaum mehr Ähnlichkeit erkennen.

Ein weiterer Aspekt, der für die Anreise mit dem Zug spricht, ist die Tatsache, dass Sie sich bereits im Kern der Stadt befinden und keine weiten Strecken zum Hotel zurücklegen müssen.

Wollen Sie jedoch lieber in binnen 2 Stunden in Ihrer Zielstadt sein, empfiehlt es sich, doch in ein Flugzeug zu steigen. Auch hier kann man, wenn man rechtzeitig bucht, das ein oder andere Schnäppchen ergattern. Organisieren Sie aber, falls Sie sich für einen Flug entscheiden, vorzeitig einen Transfer vom Flughafen in die Stadt. Trotz der Überschaubarkeit des schnuckeligen Flughafens in Budapest, ist dieser etwas außerhalb gelegen und nimmt einen etwa 30-minütigen Transfer in die Stadt in Anspruch.

Nun liegt es in Ihrer Hand, wie Sie anreisen möchten. Sicher ist auf alle Fälle, dass es sich lohnen wird!

GEMEINSAM DIE PERFEKTE UNTERKUNFT FINDEN

Jetzt nur noch die passende Unterkunft finden und schon ist Ihre Reise bestens vorbereitet. In Sachen Hostel oder Hotel sollten Sie bei der breitgefächerten Preisspanne des Angebots mit Sicherheit die richtige Unterkunft finden können.

Sie sind armer Student und suchen eine günstige, aber dennoch gepflegte Unterkunft? Dann empfehle ich Ihnen, das Maverick Hostel im Herzen der Stadt zu buchen. Dort können Sie schon, je nach Größe des Zimmers und der Anzahl Ihrer Mitbewohner, in einer Preisklasse von unter 20 € pro Nacht übernachten, sowie einen Gemeinschaftsraum, eine Gemeinschaftsküche für Selbstversorger, eine Waschküche, eine Bibliothek und einen Gepäckraum mitbenutzen.

Sollten Sie allerdings lieber für sich sein wollen und keine fremden Mitbewohner in Ihrem Zimmer haben wollen, empfehle ich Ihnen, lieber ein Hotelzimmer für einen sorglosen Aufenthalt anzumieten. Sind Sie neugierig, welche exklusiven Hotels Budapest zu bieten hat? Dann sollten Sie genau jetzt aufpassen. Inmitten der verzaubernden Altstadt liegt das galante 5-Sterne-Hotel Corinthia Budapest direkt am Grand Boulevard, in dem man sich einen Wellnessaufenthalt im Royal Spa sowie ein Abendessen in einem der drei Restaurants nicht entgehen lassen darf. Genießen Sie hier die Vielfalt von großen klimatisierten Zimmern, verschiedenen Ruhebereichen und Saunen im Wellnessbereich, sowie vielen weiteren Aktivitätsangeboten, die das Touristenherz höher schlagen lassen. Sollte Ihr Budget nicht in einer Preisklasse von etwa 200 € pro Nacht für zwei Personen liegen, finden Sie zahlreiche weitere Hotels, die zwar nicht so exklusiv sind, aber dennoch eine schöne Nacht in Budapest ermöglichen. Diese sollten Sie je nach Belieben ganz einfach vorher im Internet ausfindig machen können.

Super, dann haben wir alles Überlebenswichtige besprochen, was wir für einen unvergesslichen Aufenthalt in Budapest brauchen. Und ich hoffe, Sie sind schon genauso aufgeregt wie ich. Ich werde Sie nun durch die Tiefen meiner Lieblingsstadt führen und Ihnen alles zeigen, was glücklich macht. Na, schon neugierig? Dann ab nach Budapest!

Das Flair und das herrliche Leben

IHR TÄGLICHES BUDGET UND WARUM DIE BUDAPESTER SICH AUF SIE FREUEN

Der Duft von frischer Salami, hübsche Frauen soweit das Auge reicht und Harmonie in den Ohren aus dem Wohlklang einer fantastischen Sprache – ist es wirklich das, was Budapest tatsächlich ausmacht?

Ich kann Ihnen versichern, dass Sie um eine typisch ungarische Salami nicht herumkommen werden und auch die Frauen meines Erachtens nach wirklich sehr hübsch sind. Aber reicht das, um eine solch faszinierende Stadt beschreiben zu können?

Keineswegs! Budapest hat mit seinem Flair und seiner Vielfältigkeit weitaus mehr zu bieten. Sie werden schnell merken, dass Sie sich in dieser Stadt auf Anhieb sehr wohl fühlen werden und ein Gefühl von Geborgenheit und Wärme verspüren werden. Selten geschieht es, dass man auf einen unfreundlichen oder schlecht gelaunten Menschen trifft.

Gerade gegenüber Touristen pflegen die Budapester Bürgerinnen und Bürger einen harmonischen Umgang. Das liegt zum einen daran, dass die Budapester selbst von einer zufriedenen Grundeinstellung begleitet sind, zum anderen aber auch daran, dass die Bevölkerung dort finanziell gesehen auf die Touristen angewiesen ist. Denn eines lässt sich mit Gewissheit sagen: Viel Geld verdienen die Ungarn im Vergleich zu uns Deutschen nicht.

Bedauerlicherweise verdient ein Lehrer in Budapest, der die gleiche Arbeit leistet wie ein Lehrer in Deutschland, nur knappe 450 €. Während 450 € für den einen Deutschen ein gutes Taschengeld nebenher sind, muss ein ungarischer Lehrer mit einem solchen Hungerlohn eine Familie ernähren. Andererseits sind lebensnotwendige Mittel im Verhältnis zu Deutschland äußerst günstig. Während man in Deutschland in einem Restaurant für eine Pizza gute 10 € bezahlt, bekommt man diese in einem italienischen Restaurant in Budapest um die Hälfte günstiger. In diesem Fall kommen Sie als Tourist ins Spiel. Auch, wenn dies keine Pflicht ist, erhoffen sich die in der Gastronomie Arbeitenden ein gutes Trinkgeld von den Touristen. Ich versichere Ihnen aber, dass Ihnen trotzdem freundlich begegnet wird, auch wenn Sie kein oder nur wenig Trinkgeld geben werden.

Ich hoffe, ich habe Ihnen keine Angst gemacht, wenn ich behaupte, dass die meisten Ungarn nicht so viel Geld verdienen wie der eine Deutsche. Keine Panik, die Kriminalität ist dort nicht so hoch, wie der ein oder andere Mund zu sagen pflegt. Ich habe mich während meiner zahlreichen Aufenthalte in Budapest niemals auch nur eine Sekunde unsicher gefühlt.

Selbstverständlich gibt es auch dort so manchen Taschendieb, aber ohne mich weit aus dem Fenster zu lehnen, kann ich behaupten, dass es kein massives Taschendiebproblem in Budapest gibt. Dennoch rate ich Ihnen wie bei jedem Städteurlaub, nicht zu viel Bargeld bei sich zu tragen und gut auf Ihre Wertsachen zu achten, wenn Sie sich in größeren Menschenansammlungen befinden sollten.

Falls Sie noch nicht wissen, wie man bestenfalls in Ungarn bezahlt, so lassen Sie sich raten, Euro in

Forint zu tauschen. Manche ungarischen Läden bieten Ihnen auch an, in Euro zu zahlen, setzen die Preise aber auch entsprechend hoch. Im Optimalfall können Sie aber, sofern das Geschäft ein Kartenlesegerät besitzt, auch mit Karte zahlen. In Restaurants empfiehlt es sich jedoch, ganz klassisch in der ungarischen Währung Forint zu zahlen.

Planen Sie für Lebensmittel, wie bereits erwähnt, nicht allzu viel Geld ein, da Lebensmittel und Essengehen in Budapest verhältnismäßig günstig sind. Falls Sie jetzt darauf setzen, elektronische Produkte oder viele Kosmetikprodukte in Budapest zu kaufen, rate ich Ihnen, dies im Voraus zu überdenken. Auch wenn Lebensmittel in Budapest sehr günstig sind, sind elektronische Produkte sowie Kosmetikprodukte im Vergleich zu Deutschland überdimensional teuer.

Überlegen Sie also bewusst, ob Sie zwingend ein neues Smartphone und den brandneuen Nagellack in Budapest kaufen möchten, oder ob es nicht sinnvoller ist, zu warten, bis Sie wieder zu Hause sind. Dienstleistungen wie beispielsweise ein Frisörbesuch sind im Gegensatz dazu sehr günstig. Hier kann man sich für nur wenig Geld entspannt verwöhnen lassen.

KULINARIK UND GAUMENFREUDEN SOWEIT DAS AUGE REICHT

Um noch einmal auf die Kulinarik und die Freuden für den Gaumen einzugehen, möchte ich Ihnen das ein oder andere Gericht oder Getränk in urigen Cafés und Restaurants schmackhaft machen. Sie haben bestimmt schon einmal von den berühmt berüchtigten Palatschinken, dort auch Palatcsinta genannt gehört. Dann wissen Sie vielleicht auch, dass die Palatschinken ihren Ursprung in den österreichisch-ungarischen Beziehungen haben und jederzeit einen köstlichen Versuch wert sind.

Ähnlich unseren deutschen Pfannkuchen, können die Palatschinken mit allerlei Zutaten belegt werden. Von süß bis herzhaft sind dem Belag der Palatschinken keine Grenzen gesetzt. Kleiner Geheimtipp: Sollten Sie auch ein Liebhaber von Einmachkirschen sein, probieren Sie doch den Palatschinken mit Kirschen und Schokoladensoße.

Oder bleiben Sie ganz klassisch bei Zucker und Zimt als Standardbelag. Die Palatschinken können Sie in vielen ungarischen Restaurants bestellen, oft werden sie unter der Rubrik Nachspeisen angeboten. Aber was, wenn Sie einen ganz besonderen, wenn nicht gar die besten Palatschinken in ganz Budapest essen wollen? Dann machen Sie einen kleinen Abstecher in mein Lieblingsrestaurant der ganzen Stadt! Hier bekommen Sie Palatschinken in endlos vielen Variationen, die Sie am liebsten alle auf einmal kosten wollen. Das schnuckelige Palatschinkenhaus Nagyi Palacsintázója befindet sich gegenüber dem Parlament auf der anderen Donauseite und freut sich schon, Sie mit einer Köstlichkeit beglücken zu können.

Konnte ich Sie mit den typischen Palatschinken noch nicht überzeugen, dann versuchen Sie die berühmt berüchtigten Kürtöscalacs, die dem Süßstückchenliebhaber mit höchster Garantie einen Gaumentraum erfüllen. Dem deutschen Baumstriezel ähnlich, wird der weich gebackene Teig meist mit Zimt und Zucker ummantelt und liefert einen perfekten Zusatz zum leckeren Kaffee am Nachmittag. Trauen Sie sich, Sie werden es nicht bereuen!

Oder sind Sie eher ein Fan von herzhaftem Essen mit oder ohne Fleisch? Am besten als Krönung des Ganzen mit einem guten Wein dazu oder einem ungarischen Schnaps, um den Magen zu schließen? Dann sind Sie hier in Budapest ebenfalls genau richtig. Neben der in ganz Europa bekannten Pick Salami, die zu den Klassikern der ungarischen

Salamispezialität zählt und immer noch nach der Originalrezeptur aus dem Jahre 1869 hergestellt wird, ist auch das typisch ungarische Gulasch in Budapest ein Muss. Eine riesige Gulaschvariation können Sie im Restaurant Gulyas Tunkolo Bufe in ihrer ganzen Vielfalt verkosten.

Nirgendwo anders in Budapest können Sie meiner Meinung nach besseres Gulasch auf den Teller bekommen, das ganz traditionell mit Halbrahmbrot und wahlweise einem guten Bier serviert wird. Wundern Sie sich nicht, wenn das Haus in einer kleinen Seitengasse versteckt ist, denn bei diesem Restaurant handelt es sich um einen Geheimtipp! Also nichts wie los, Ihr Mittag- oder Abendessen steht schon bereit!

Kennen Sie es nicht auch? Der Geruch eines warmen Langosch mitten auf einem Jahrmarkt, während links der Schokofrüchtestand seine Ware verkaufen möchte und rechts nebenan die Dosen beim Dosenwerfen laut scheppern? Nicht ganz so spielt sich das in Budapest ab. Sie haben keine nervigen Dosen im Hintergrund, die Sie davon abhalten, Ihren superleckeren Langosch in Ruhe zu genießen! Noch dazu schmeckt ein typisch ungarischer Langosch direkt aus Budapest auch tausendmal besser als der auf einem Jahrmarkt bei uns in Deutschland. So ziemlich das Einzige, das beim Verzehr eines Langosch in Budapest dem in Deutschland ähnelt, ist mutmaßlich der Belag. Essen Sie einen Langosch in verschiedensten Variationen mit wahlweise Sauerrahm, Knoblauch, Öl, Käse und vielem mehr, was das Touristenherz begehrt. Sie werden auf jeden Fall satt werden und mit einem Lächeln im Gesicht den letzten Bissen Ihres bisher besten Langosch hinunterschlucken.

Kaum ist der Abend in Budapest eingekehrt und draußen hat es zu dämmern begonnen, kommen nach einem anstrengenden Ausflugstag Gelüste auf einen guten ungarischen Wein in den Sinn, dem man nur sehr schwer widerstehen kann. Versuchen Sie es erst gar nicht und geben Sie sich mit voller Leidenschaft einem vollmundigen Glas Wein hin.

Auch wenn Sie zu Hause den trockenen Rotwein dem lieblichen Weißwein vorziehen, so machen Sie, wenn Sie schon einmal in Ungarn sind, doch bitte eine Ausnahme. Sie würden es im Nachhinein bereuen, würden Sie nicht den typisch ungarischen Tokajer, ein lieblicher Weißwein, probieren. Ich kann Ihnen versichern: Auch wenn Ihnen liebliche Weine in der Regel nicht munden, werden Sie vom ungarischen Tokajer hin und weg sein. Erleben Sie eine Geschmacksexplosion auf höchstem Niveau. Darf es jetzt auch noch etwas härteren Alkohol sein, so sind

Sie in Budapest ebenfalls genau richtig. Zu beachten ist jedoch, dass anders als in Deutschland nicht nur der Konsum von hartem Alkohol unter 18 Jahren untersagt ist, sondern auch der von Bier und Wein. Nichtsdestotrotz führt an einem guten Unicum kein Weg vorbei.

Der aus über 40 Kräutern und Wurzeln bestehende Kräuterschnaps eignet sich perfekt als Digestif nach einer üppigen und reichhaltigen Mahlzeit, der die Verdauung anregt und den Magen letztendlich schließt.

Auch als kleines Mitbringsel für zu Hause eignet sich der Unicum sehr gut und kommt bei diversen Familienfeiern, auf denen gut gegessen wird, sehr gut an. Scheuen Sie sich also nicht, etwas Proviant für zu Hause mitzunehmen, achten Sie jedoch darauf, dass die perfekte Trinktemperatur zwischen 8 °C und 10 °C liegt.

DIE SCHÖNHEIT DER UNGARISCHEN FRAUEN

Ist es der Kräuterschnaps, der Sie jetzt alle ungarischen Frauen so schön empfinden lässt, oder sind die ungarischen Frauen tatsächlich so hübsch, wie immer behauptet wird?

Natürlich liegt die Schönheit eines Menschen immer im Auge des jeweiligen Betrachters, allerdings wollen sich die ungarischen Frauen nicht nachsagen lassen, Sie seien auf irgendeine Weise ungepflegt oder schlecht gekleidet.

So achtet die ungarische Frau in der Regel darauf, dass sie jederzeit adrett, jedoch nicht allzu freizügig gekleidet ist und niemals mit ungemachten Haaren das Haus verlässt. Selbstverständlich gibt es einige ungarische Frauen, die diesem Ideal nicht entsprechen.

Ich selbst aber genieße es, mich einfach auf eine Bank mitten in die Innenstadt zu setzen, noch besser in der Einkaufsmeile, und mich vom modernen Kleidungsstil der ungarischen Frauen beeindrucken und inspirieren zu lassen.

Wundern Sie sich auch nicht, wenn es plötzlich gut duftet, wenn ganz zufällig eine ungarische Dame an Ihnen vorbeispaziert. Auch auf einen angenehmen Körpergeruch mit einem kleinen Spritzer Parfum legen die ungarischen Frauen ebenfalls viel Wert.

Die imponierende Geschichte

EIN HARMONISCHER KLANG IN DEN OHREN

Igen, Igen – hören Sie einen jungen Herren in sein Smartphone sagen, gefolgt von unverständlichen Lauten, die wir mit der deutschen Sprache nur wenig in Verbindung bringen können. Um auch Sie aufzuklären: Der junge Mann sagte „Ja, ja". Komisch, was? Wie kann eine europäische Sprache der unseren so fremd sein?

Während man „Ja" mit „Yes" im Englischen ganz einfach vergleichen kann, fällt einem das mit dem Wort „Igen" erstaunlicherweise schwer. Doch wie kommt es, dass eine so wohlklingende, harmonische

Sprache uns so fremd ist? Während unsere Sprache Deutsch zu den westgermanischen Sprachen zählt, ist Ungarisch eine finno-ugrische Sprache der uralischen Sprachfamilie. Allein daran lässt sich erkennen, dass die ungarische Sprache nur wenig mit der deutschen Sprache zu tun hat. Generell kann man die ungarische Sprache lediglich mit der finnischen Sprache in Sachen Sprachverwandtschaft vergleichen.

Zurückführen lässt sich der ungarische Sprachursprung auf indigene Völker Westsibiriens, sowie auf erste Inschriften der Magyaren aus dem 9. Jahrhundert. Im Jahre 896 n. Chr. wurde das heutige Buda unter Führung von Prinz Arpad von den Magyaren besiedelt und unterlag nun deren Herrschaft. Erst zur Zeit der Habsburger und deren Herrschaft wurde die Sprache mit deutschsprachigen Einflüssen behaftet.

Nach dem österreichisch-ungarischen Ausgleich im Jahre 1867 wurde Ungarisch in allen Regionen Ungarns wieder durchgesetzt. So kommt es auch, dass einige ungarische Bürger und somit auch Budapester der deutschen Sprache mächtig sind und diese teilweise sogar einwandfrei beherrschen. Mit dem kecken osteuropäischen Akzent, der ihre Sprachmelodie mit Liebe untermalt, gibt es dem deutschen Gesprochenen einen besonderen Charme. Auch wenn das Ungarische nur wenig mit anderen europäischen Sprachen verwandt ist, beziehungsweise ihnen überhaupt in irgendeiner Weise ähnlich ist, ist die Geschichte Ungarns in Europa tief verwurzelt.

So kommt es auch, dass noch heute einige ungarische Schulen Partnerschulen zu anderen, hauptsächlich deutschsprachigen Schulen sind. Hierbei wird sowohl den ungarischen als auch den österreichischen und deutschen Schülern ermöglicht, einen Blick in das jeweils andere Land und dessen Kultur zu werfen und dieses lieben zu lernen.

Dabei kommt mir besonders eine ganz bestimmte Schule in den Sinn, das Alternatív Közgazdasági Gimnázium, in der die Schüler der 11. Klasse die Möglichkeit haben, ein Sprachenjahr zu absolvieren. Dabei ist der 18-stündige Deutschunterricht in der Woche ein Muss und wird mit einem abschließenden Schüleraustausch mit einer deutschen Schule in Baden-Württemberg belohnt.

VON DEN UNGARISCHEN WURZELN INS HIER UND JETZT

Um noch genauer auf die tiefe Verwurzelung Ungarns in die europäische Geschichte einzugehen, müssen wir jedoch noch ein paar Jahre mehr zurückdrehen. Reisen wir gemeinsam in eine Zeit, in der man an eine Zivilisation wie heute noch nicht zu glauben wagte! Kommen Sie mit mir in die früheste Zeit der Menschheitsgeschichte, nämlich die Steinzeit. Noch heute lassen sich vereinzelt Spuren der ungarischen Geschichte in dieser Zeit entdecken, die uns leider ebenso wenig wie die Spuren aus der Bronzezeit Auskunft über das damalig typisch ungarische Leben geben.

Genaueres über die ungarische Geschichte lässt sich erst ab dem 1. Jahrhundert nach Christus erzählen, als die keltischen Völker das heutige Buda besiedelten und beherrschten. Aus dieser Zeit stammen die noch heute zu besichtigenden Ruinen der zahlreichen Amphitheater, der Basteien und Festungen. Erst als das ungarische Gebiet noch im selben Jahrhundert durch die Römer bis zu den Grenzen der Donau hinweg erobert wurde, entstand die dem heute ein oder anderen bekannte Stadt Aquincum, die ab dem Jahre 106 fortan Hauptstadt der Provinz

Pannonia inferior war. Was davon heute noch zu sehen ist, sind Teile der antik erbauten Mauer, die genau an der Donaugrenze verläuft.

Mit der Völkerwanderung und dem Untergang des römischen Reiches, befielen die germanischen und hunnisch-alanischen Stämme das dort besiedelte Gebiet. Dies ermöglichte den Hunnen unter der Führung von König Attila die Gründung eines neuen und großen Königreichs im heutigen Ungarn. Im Jahre 896 nach Christus wurde das ungarische Gebiet dann von den Magyaren, einem Nomadenvolk aus dem mittleren Ural, unter der Führung von Prinz Arpad erobert.

Aus dieser Zeit stammen nicht nur, wie bereits besprochen, die Wurzeln der ungarischen Sprache, sondern auch das frühmittelalterliche Leben in Dörfern mit ersten Kirchen und die Entstehung und Entwicklung von Ackerbau und Viehzucht. Dabei entpuppte sich auch das Gebiet, das wir heute Pest nennen, als Zentrum wichtiger Verkehrswege.

Mit der Krönung von König Stephan I. zum ersten König von Ungarn wurde im Jahre 1001 nach Christus letztendlich auch die Volksherrschaft ausgebaut. Als die Mongolen das ungarische Gebiet befielen und bei der Schlacht bei Muhi eine fast vollständige Zerstörung verursachten, wurde im Jahre

1308 die Residenz des Königs vorübergehend nach Visegrad verlagert. Erst im Jahre 1347 wurde diese wieder in die Hauptstadt Buda zurückverlegt. Mit häufigen Angriffen durch die Osmanen, waren die Ungarn ab dem Jahre 1446 einer ständigen Ausnahmesituation ausgesetzt, die von Bauernaufständen im Jahr 1514 begleitet wurden.

Gegenüber den Osmanen konnte die ungarische Herrschaft kaum länger standhalten. Bedauerlicherweise fielen dabei die wunderschönen Gebiete Buda und Pest und wurden ab 1541 mit dem gesamten ungarischen Gebiet von den Osmanen besetzt. Brutale Maßnahmen, wie beispielsweise die Versklavung fast aller Einwohner, standen nun auf der Tagesordnung und Pressburg wurde zur Hauptstadt Ungarns.

Buda hingegen wurde von einem türkischen Pascha regiert, während Pest immer und immer mehr an Einwohnern und Bedeutung verlor. Ein kleiner Aufschwung widerfuhr den Bürgern dann mit der Herrschaft der Habsburger, die bereits seit 1526 Ungarn regierten.

Diese vertrieben im Jahr 1686 die Osmanen aus den ungarischen Gebieten und sorgten für eine schnelle Wiederherstellung des Landes. Allerdings gab es für die Bevölkerung dabei nur wenige Veränderungen, somit war die Unterdrückung des Volkes und deren Meinungsfreiheit weiterhin präsent. Zwar führte die Regierung durch Maria Theresia zu einem erheblichen wirtschaftlichen Aufschwung, allerdings hatte das Volk wenig Mitspracherecht, weshalb es im Jahre 1710 erstmals zu einem großen Aufstand der Bürger gegen die Habsburger kam. Leider sollte dieser jedoch vorerst nichts bewirken.

Erst nachdem im Jahre 1780 die Sprache Deutsch als Amtssprachen von der Herrschaft der Habburger eingeführt wurde und der Bau der heute zu überquerenden Kettenbrücke im Jahre 1839 zu einem weiteren wirtschaftlichen Aufschwung Budapests führte, begannen die ungarischen Bürger nochmals gegen die Habsburger anzukämpfen. In der Revolution von 1848/49 zeigte das ungarische Volk Stärke gegenüber der Herrschaft der Habsburger und erkämpfte sich im Jahr 1867 letztendlich die Gleichberechtigung mit Österreich als Teilstaat der Donaumonarchie.

Fortan pflegte Kaiser Franz Josef aus Österreich, der ebenfalls König von Ungarn war, jährlich einen mehrwöchigen Aufenthalt, bei dem er in ungarischer Uniform seine Ämter wahrnahm. Die Zusammenlegung von Buda, Obuda und Pest lässt sich ebenfalls auf dieser Zeit zurückführen. Zum Millennium, der sogenannten Jahrtausendfeier, wurde dann letztendlich der Heldenplatz erbaut und nach London die erste U-Bahn auf europäischem Festland eröffnet. Noch heute können Sie in diese Zeit zurückreisen und mit dieser U-Bahn durch die Tiefen Budapests fahren.

Mit dem Eintritt und der Beendigung des Ersten Weltkriegs trat Ungarn im Jahr 1918 aus der Donaumonarchie aus, worauf die Kommunisten unter Bela Kun nur ein Jahr später die Macht ergriffen. Darauf entwickelte sich eine Räterepublik, die aber nur schmächtige 133 Tage andauern sollte. Mit dem Eintritt des Zweiten Weltkriegs stand Ungarn im Jahre 1941 zunächst an der Seite Deutschlands, versuchte sich aber aufgrund der mittlerweile zugespitzten Situation im Jahre 1944 von Deutschland zu lösen. Dieser Versuch scheiterte kläglich.

Deutschland reagierte wie zu erwarten nicht mit Verständnis, sondern antwortete auf dieses Handeln Ungarns mit dem Einmarsch Deutschlands in ungarisches Gebiet und der Ermordung von über 500.000 Juden. Zu allem Übel erlitt Ungarn nicht nur US-amerikanische Bombenangriffe, sondern musste zusätzlich die Zerstörung von Budapests Brücken mitansehen.

Nach Beendigung des Kriegs wurde in Ungarn im Jahre 1946 die Republik ausgerufen, gefolgt vom

Ausruf der Volksrepublik in Ungarn im Jahr 1949. Knappe sieben Jahre später versuchten die ungarischen Bürger erneut zu rebellieren und brachten das Fass mit einem Volksaufstand gegen die Sowjetunion zum Überlaufen. Dieser wurde aber blutig niedergeschlagen, woraufhin sich das Land im Laufe der Zeit erholen und wiederaufarbeiten konnte.

Am 23. Oktober 1998 wurde letztendlich erneut die Republik in Ungarn ausgerufen. Von nun an sollte es weiterhin bergauf gehen. Ungarn wurde am 01. Mai 2004 als ehrenwürdiges Mitglied in die Europäische Union aufgenommen.

Puh, geschafft! Mit viel Wissenswertem haben wir nun eine kurze Reise durch die ungarische und Budapester Vergangenheit gemacht und wollen uns nun der Gegenwart widmen. Lassen Sie uns gemeinsam Budapest erkunden, Budapest erleben und uns unsterblich in diese wunderschöne Stadt verlieben.

Sehenswürdigkeiten

DIE BUDAPEST CARD

Sie stehen irgendwo im Nirgendwo inmitten der bezaubernden Stadt Budapest und haben keinerlei Ahnung, was sie zuerst ansehen sollen? Oder checken Sie gerade die besten Sightseeing-Touren der Stadt aus und finden aber nicht so ganz das Richtige, das Ihren persönlichen Ansprüchen gerecht wird?

Dann lassen Sie uns doch gemeinsam auf eine spannende Entdeckungsreise gehen und gemeinsam die Stadt erkunden. Ich bin mir sicher, wir werden jede Menge Spaß miteinander haben. Nicht zu vergessen das ein oder andere Insiderwissen, sowie allerlei Tipps und Tricks, die ich Ihnen mit auf den Weg geben werde. Zögern Sie nicht lange und kommen Sie mit mir.

Wichtig ist zunächst, dass wir ein Ticket besorgen, mit dem Sie mit U-Bahn, Bus und Bahn jeden Winkel der Stadt erreichen können. Hier kann ich wärmstens die Budapest Card empfehlen, mit der Sie unbegrenzt das öffentliche Verkehrsnetz nutzen können.

Außerdem ermöglicht Ihnen diese Karte freien Eintritt zu 60 Museen und Sehenswürdigkeiten, vergünstigtes Essen in sämtlichen Restaurants und vieles mehr. Zögern Sie also nicht lange und beschaffen Sie sich die Budapest Card. Noch dazu erhalten Sie hier die Möglichkeit mit der zweitältesten U-Bahn gleich nach der ältesten U-Bahn in London unbegrenzt zu fahren. Klingt das nicht super?

DIE HERRLICHE FISCHERBASTEI

Starten wir doch gemeinsam an der altbekannten Fischerbastei am wunderschönen Burgberg, von wo aus Sie einen hervorragenden Blick auf die Donau und das am anderen Ende des Flusses liegende Pest erhaschen können. Mit seinen Türmchen und Zinnen an ein Märchenschloss erinnernd, zählt die Fischerbastei zu den wichtigsten Sehenswürdigkeiten Budapests.

Um erneut auf die Magyaren einzugehen, auf die auch die Wurzeln der ungarischen Sprache zurückzuführen sind, sind die exakt sieben Türme der Fischerbastei zu erwähnen. Diese stehen für die sieben Stämme der Magyaren, die im Jahre 896 Budapest besiedelten. Lassen Sie sich schon auf dem Weg nach oben keinen der zahlreichen Ausblicke auf die Stadt entgehen und freuen Sie sich auf den einzigartigen Panaromablick, der Sie oben an der Bastei erwartet. Seien Sie jedoch gewarnt! An einem windigen Herbst- oder Frühlingstag kann es schon mal etwas frisch werden. Wappnen Sie sich also vorher mit einem leichten Schal und kleiden Sie sich entsprechend warm.

Haben Sie sich schon gewundert, was die seltsam grüne Reiterstatue darstellen soll, die direkt vor der Bastei thront? Dann lassen Sie mich Ihnen mitteilen, dass der Reiter, der gehobenen Hauptes auf seinem Pferd sitzt, König Stephan I., der erste König Ungarns, ist. Doch wo schaut er denn hin? Richtig erkannt! Er schaut nicht in die Stadt und nicht auf die Donau. Sein Blick ist stets auf die danebenliegende Matthiaskirche gerichtet, die in meinen Augen nicht nur die schönste Kirche der ganzen Stadt ist, sondern zugleich die Krönungskirche von Sissi und Franz war.

DIE MATTHIASKIRCHE – KRÖNUNGSKIRCHE VON SISSI UND FRANZ

Haben Sie ein solch herrliches Farbenspiel je zuvor in Ihrem Leben gesehen, wie es auf den Kacheln des Kirchendachs der Matthiaskirche zu erkennen ist? Ich selbst bin jedes Mal hin und weg von diesem wunderschönen Anblick, der dem Inneren der Kirche nicht zu viel verspricht. Denn dort nimmt der Augenschmaus noch lange kein Ende.

Allein das künstlerisch gestaltete Marientor am Ende der Vorhalle des Südtoreingangs, das den Tod der heiligen Jungfrau Maria darstellen soll, zählt zu Ungarns schönsten Bildhauerwerken. Errichtet und

fertiggestellt wurde die Matthiaskirche, auch be-
kannt unter der Bezeichnung Liebfrauenkirche, im
Jahre 1269 als erste Pfarrkirche in ganz Buda. Umso
erstaunlicher, dass die Kirche noch heute in ihrem
Glanz erstrahlt und die Besucher sowohl in heiligen
Messen bezaubert, sowie diesen eine einzigartige
Location für Hochzeiten und Konzerte liefert.

DER BURGPALAST – DAS GRÖßTE GEBÄUDE UNGARNS

Im Süden des herrlichen Burgviertels von Buda
grenzt das größte Gebäude von ganz Ungarn, der sogenannte Burgpalast. Mit seinen 400 m Länge und
200 m Breite zählt der Burgpalast genau wie die Fischerbastei und die Matthiaskirche zum Weltkulturerbe der UNESCO und diente einst als Residenz der
Könige von Ungarn. Aus dem 14. und 15. Jahrhundert entwickelte sich die heutige Aufteilung des
Burgpalasts mit Häusern, Schulen und Klöstern, sowie einer Universität, die wir heute noch bewundern
können.

Trotz zahlreicher Zerstörungen durch die Osmanen im 16. Jahrhundert und den beiden Weltkrie-
gen, konnten einige Teile des Burgpalastes geradezu
originalgetreu wiederaufgebaut werden. Heute

können wir uns glücklich schätzen, den königlich errichteten Burgpalast als Location für zahlreiche Wein- oder Bierfeste nutzen können und die „Süßen Tage", an denen auf dem gesamten Burgberg nur über Schokolade gesprochen wird, dort zelebrieren. Lassen Sie sich auch hier einen atemberaubenden Ausblick auf die Donau nicht entgehen.

ST. STEPHANS-BASILIKA MIT DEM BESTEN BLICK ÜBER BUDAPESTS DÄCHER

Wie Sie jedoch jetzt glauben, dass man einen solch schönen Panoramablick nur von den Budaer Bergen aus erhaschen kann, kann ich Ihnen versichern, dass Sie völlig falsch liegen. Wie bereits versprochen bietet Ihnen die wundervolle Stadt Budapest viel mehr. Wo könnte man einen prächtigeren 360° Panoramablick erhaschen als von der Kuppelspitze von Budapests mächtiger St. Stephans-Basilika?

Diese Kuppel liefert einen faszinierenden Blick über die schönen Dächer Budapests. Außerdem haben Sie hier die Möglichkeit den größten Glocken von ganz Ungarn, die die St. Stephans-Basilika zahlreich zieren, so nah wie nur möglich zu sein. Die prachtvolle römisch-katholische Kirche ist nicht nur prunkvollste und größte Kirche der gesamten Stadt Budapest, sondern neben ihrem einzigartigen Ausblick von der Kuppel aus auch im Besitz der wertvollsten ungarische Reliquie. König Stephans einbalsamierte rechte Hand zieht als solch wertvolle Reliquie von Ungarn so manchen Touristen in die Basilika.

Vollständig errichtet wurde das prächtige Gebäude im Jahre 1905, woraufhin sie im Jahre 1931 den Titel einer Basilica minor erhielt. Mit ihren 96 m Höhe ist die Kuppel der St. Stephans-Basilika genauso hoch wie die des Budapester Parlaments, was ein Zeichen für Gleichheit von weltlichem und geistlichem Adel ist. Ein höheres Gebäude, das diese 96 m überschreiten würde, darf in Budapest nicht errichtet werden.

Haben sie erst einmal das Gebäude betreten, kommen Sie aus dem Staunen nicht mehr heraus. Passen Sie aber auf, dass Ihnen bei einem atemberaubenden Blick an die Decke nicht schwindelig wird. Von einem solch imposanten Mosaik-Kunstwerk, das Jesus Christus mit dem Herrn und zahlreichen Engeln darstellen soll, kann man kaum genug bekommen. Doch nicht nur die Decke, auch zahlreiche Wände und Fester sind mit prachtvollen Glasmalereien und Gemälden geschmückt, die auf jeden Fall größte Aufmerksamkeit verdienen. Sind Sie auch musikalisch interessiert und wollen Ihre Reise nach Budapest im Sommer starten? Das trifft sich gut! Denn im Sommer können Sie Zeuge von den harmonischsten Chorgesängen werden, die Sie je in Ihrem Leben gehört haben, sowie Zuhörer von Orgelspielereien der renommiertesten Organisten von ganz Ungarn.

DAS PARLAMENT MIT DEM GRÖSSTEN TEPPICH EUROPAS

Wie bereits erwähnt, fällt neben der erstaunlichen Kuppelhöhe von 96 Metern in der St. Stephans-Basilika auch das mächtige Parlamentsgebäude von Budapest mit einer solchen Kuppelgröße auf. Als zweitgrößtes Gebäude von ganz Budapest erstrahlt das Parlamentsgebäude im Stadtteil Pest nicht nur über die Donau hinweg, sondern zählt auch zu den eindrucksvollsten Gebäuden der ganzen Welt. Lassen Sie sich also eine Besichtigung des prunkvollen Parlaments, das im neugotischen Stil geziert ist, keineswegs entgehen. Sie werden aus dem Staunen nicht mehr herauskommen.

Als Wahrzeichen der Stadt liegt das Gebäude direkt am Donauufer und wurde genau wie die St.

Stephans-Basilika als Weltkulturerbe der UNESO aufgenommen. Haben Sie nicht auch schon überlegt, welchem Gebäude dieses Parlamentsgebäude so unheimlich ähnlich ist? Richtig, den Houses of Parliament in London! Denn nach deren Stil wurde das Budapester Parlamentsgebäude im Jahr 1904 von dem Architekten Imre Steindl, der unmittelbar vor Vollendung des Parlaments erblindete, entworfen und fertiggestellt.

Gleich nach dem Burgpalast auf den Budaer Bergen ist das Budapester Parlamentsgebäude das zweitgrößte Gebäude der ungarischen Hauptstadt und weist eine Maße von 268 m Länge und 123 m Breite auf. Obwohl Budapest im Zweiten Weltkrieg so immens beschädigt und zerstört wurde, gilt es als Wunder, dass das Parlament erstaunlich wenig Schaden davongetragen hat.

Auch bei der Innenausstattung des faszinierenden Gebäudes wurden keinerlei Kosten und Mühen gescheut. 40 Kilogramm Gold zieren die 691 Zimmer und 29 Treppenhäuser, der größte Teppich Europas mit Maßen von 7 mal 21 Metern liegt im Gebäude beherbergt und die Gemälde an den Wänden stellen die ungarische Geschichte künstlerisch dar.

Was glitzert und funkelt so schön direkt unter der mächtigen Parlamentskuppel und blendet Ihre

Augen so sehr? Hier können Sie die behütete Stephanskrone, die zu den wichtigsten Reichsinsignien zählt, erblicken, die in die Geschichte bis hin zur Krönung des ersten Königs Stephan I. eingeht.

Vielleicht ist es für Präsidenten und den Ministerpräsidenten gerade wegen der prachtvollen Krone, die sie jedes Mal erblicken können, so schön, für repräsentative Versammlungen in das ungarische Parlament einzutrudeln. Wohlbemerkt, dass solche Versammlungen stets in mehreren Sprachen stattfinden, um die Demokratie Ungarns widerzuspiegeln.

MUSIK IN DEN OHREN IN DER STAATSOPER UNGARNS

Nur wenige Meter entfernt und ebenfalls im Herzen des Stadtteils Pest thront die eindrucksvolle Staatsoper Ungarns, die mutmaßlich die drittbeste Akustik aller Opernbühnen aufweist.

Bessere Klänge könne man angeblich nur in der Dresdner Semper Oper und dem Pariser Palais Garnier erhaschen. Ein Abstecher hier lässt sich auf alle Fälle mit einer Besichtigung des Parlaments oder der St. Stephans-Basilika verbinden. Möchten Sie mit der ältesten U-Bahn-Strecke des europäischen

Festlandes anreisen? Dann steigen Sie doch einfach in die U-Bahn-Linie Földalatti und steigen an der Haltestelle Opera aus. Erblicken Sie dann eines der schönsten Opernhäuser der ganzen Welt, das von dem berühmten Kaiser Franz-Joseph I. von Österreich und zugleich König von Ungarn, im September 1884 eröffnet wurde.

Auch hier wurden bei der Innenausstattung des Gebäudes keine Kosten und Mühen gescheut. Die prachtvollen Kunstwerke an den Wänden aus Gold, Marmor und Mosaik geben der räumlichen Ausstattung eine ganz besondere Note. Für 1200 Zuhörer wurde in diesem Opernhaus Platz geschaffen, um diesen bei jedem einzelnen Besuch mit einem ausgezeichneten Klangraum beste Unterhaltung zu bieten.

Sollte jedoch kein musikalisches Interesse oder Budget für einen Opernbesuch bestehen, können Sie auch ohne Probleme eine etwa einstündige Führung durch das Operngebäude machen. Machen Sie sich keine Sorgen, sollte Ihr Englisch nicht das brillanteste sein. Gewiss werden auch hier täglich Führungen auf Deutsch angeboten.

Denken Sie jedoch daran, auch das nötige Kleingeld parat zu haben, da sich die Budapester eine solche Führung gerne bezahlen lassen. Eine Führung hier ist meines Erachtens also nur zu empfehlen, sollten Sie tatsächlich sehr an Opernhäusern und der Musik interessiert sein.

DIE KETTENBRÜCKE – VEREINIGUNG VON BUDA UND PEST

Wie Sie sehen, haben sowohl Buda als auch Pest jede Menge zu bieten, wodurch es einem in der bezaubernden Stadt niemals langweilig wird. Aber wie kommt man am besten von Buda nach Pest und wieder zurück, wenn doch die Donau die beiden herrlichen Stadtteile voneinander trennt?

Mit der Fähre wohl kaum, wobei eine Schifffahrt auf der Donau auch jede Menge Eindrücke liefern kann. Deshalb wurden im wunderschönen Budapest neun beeindruckende Brücken erbaut, die sowohl den Budapester Bürgern als auch den zahlreichen Touristen einen reibungslosen Transportweg ermöglichen.

Eine der neun Donaubrücken in Budapest ist die eindrucksvolle Kettenbrücke im Herzen der Stadt, die zugleich die älteste Brücke Budapests ist und mit ihrem Bau für jede Menge wirtschaftlichen Aufschwung sorgte. Als erste Donaubrücke, die die beiden Stadtteile miteinander verband, fungiert diese mit dem ursprünglichen Titel Széchenyi Lánchíd als namhaftes Symbol der Stadt. Dass wir die Brücke heute jedoch als Kettenbrücke bezeichnen, liegt an den unfassbar großen Ketten, die die Hängebrücke festhalten. Mit einer Breite von rund 7 Metern können Sie die Brücke sowohl mit dem Auto als auch zu Fuß problemlos überqueren.

Sind Ihnen schon die beiden Löwenstatuen am jeweiligen Ende der beiden Brücken aufgefallen? Dann schauen Sie doch mal genauer hin. Irgendetwas stimmt doch nicht! Richtig, die beiden Löwen haben keine Zungen. Ein zunächst unbedeutender Fehler, jedoch für den Bildhauer so fatal, dass man munkelt, er habe nach Eröffnung der Brücke, seinem Leben ein Ende gesetzt.

Vor dem Bau der 372 Meter langen Kettenbrücke konnte man den jeweils anderen Stadtteil lediglich über eine Schwimmbrücke erreichen, die jedoch aufgrund von Eis im Winter, nur im Sommer aufgebaut werden konnte.

Da auch die Kettenbrücke neben so vielen anderen Bauwerken Budapests großen Schaden aus dem Zweiten Weltkrieg davontragen musste, musste man diese im Jahre 1949 rekonstruieren und an ihrem 100. Jahrestag erneut eröffnen. Im Jahre 1999 feierte die Stadt Budapest letztendlich den 150. Geburtstag der Kettenbrücke mit einem spektakulären Lichterspiel.

DER IMPOSANTE HELDENPLATZ

Lassen Sie uns nun einen Ausflug zu dem vermutlich bekanntesten und imposantesten Platz der Hauptstadt von Ungarn machen. Der Heldenplatz, oder auch Hősök tér genannt, befindet sich im wunderschönen Stadtteil Pest und dient dem Gedenken an die Könige und Nationalhelden von Ungarn.

Er ist nicht nur einer der meistbesuchten Plätze Budapests, sondern zählt wie das Parlament zum Weltkulturerbe der UNESCO. Auf dem 33 Meter hohen Millenniums-Denkmal inmitten des Platzes wird die Säule mit einer Statue von Erzengel Gabriel geschmückt, der mit ausgebreiteten Flügeln über dem Platz erstrahlt und die ungarische Krone in der Hand hält. Es ist eine Erinnerung daran, dass König Stephan I. aufgrund einer Traumerscheinung von Erzengel Gabriel das ungarische Volk zum Christentum bekehrt habe.

Am unteren Ende der Säule können Sie den Schriftzug finden, der an die Helden, das Leben in Freiheit und die nationale Unabhängigkeit erinnert. Lassen Sie diesen prächtigen Ort Budapests also auf keinen Fall unbesucht. Links und rechts von der Säule können Sie die Kolonnaden erblicken, die mit künstlerisch gestalteten Figuren, wie unter anderem König Stephan I., die Geschichte Ungarns bis ins 19. Jahrhundert erzählen.

ENERGIETANKEN IM URIGEN STADTWÄLDCHEN

Haben Sie nun Lust, sich die Füße ein wenig zu vertreten, um den Kopf für einige Momente frei zu bekommen? Dann werfen Sie doch einen kleinen Blick hinter den Heldenplatz, wo sich das Stadtwäldchen Budapests mit gemütlichen Spazierwegen und Alleen erstreckt. Wo Sie heute beispielsweise den in Budapest beliebtesten Englischen Landschaftsgarten finden, war früher braunes Sumpfgebiet. Umso erstaunlicher, was die Budapester aus ihrer herrlichen Stadt gemacht haben.

Wie wäre es denn jetzt mit einem kleinen Abstecher im Budapester Zoo, wo Sie mit der Familie wunderschöne Stunden verbringen können? Lassen Sie die Seele auch ruhig mal baumeln. Denn wo kann man denn besser entspannen als in einer der schönsten Städte Europas?

DER GELLÉRT-BERG – HEXENKESSEL UND HEILENDE KRÄFTE DER NATUR

Nicht nur im urigen Stadtwäldchen oder dem Budapester Zoo können Sie Ihren Energietank wieder auffüllen, auch der prächtige Gellért-Berg direkt neben dem Burgberg im Budaer Stadtteil bietet mit seinen 235 Metern Höhe befreiende Spazierwege und zahlreiche Panoramablicke auf die Donau.

Aufgrund der geotektonischen Verwerfung, auf der Budapest gebaut ist, kam es schon in frühen Zeiten zu Austrittstellen von Erdwärme und Schwefeldämpfen. Heute wissen wir, dass dies an solchen Verschiebungen der Erdkruste völlig normal ist. Im 18. Jahrhundert hingegen glaubte man, dass solche Schwefeldämpfe, die unter anderem häufig auf dem Gellért-Berg auftraten, auf Hexerei zurückzuführen seien. Deswegen war der Gellért-Berg auch jahrelang als Blocksberg in aller Munde, wo sich angeblich die Hexen trafen, um ihr Unwesen zu treiben.

Da wir mit unserer Wissenschaft heute einige Schritte weiter sind, wissen wir, dass nicht die besagten Hexen die Verursacher solcher Schwefeldämpfe sind, sondern unsere Mutter Natur selbst. Deshalb befindet sich auf dem mächtigen Gellért-

Berg auch das berühmte Hotel Gellért und das berüchtigte Gellért-Bad mit seinen heilenden Kräften. Hier können Sie nicht nur bestens entspannen, sondern auch mit der ganzen Familie einen spaßigen Tag verbringen.

Erleben Sie die Vielfalt von Schwefelbecken, Warmwasserbecken in verschiedensten Temperaturen, Saunen mit Wellnessbereich, mehreren Außenbecken und vielem mehr. Doch seien Sie gewarnt, in manchen Bädern Budapests ist es Pflicht, eine Badehaube zu tragen. Informieren Sie sich besser, bevor Sie wegen falschen Verhaltens noch aus dem Bad verwiesen werden. Bei den nicht ganz so niedrigen Eintrittspreisen ist das mit Sicherheit nicht das, was Sie sich von einem Badetag im wunderschönen Gellért-Bad erhoffen.

Haben Sie sich nicht auch schon gefragt, wie man von dem Namen Blocksberg auf den Namen Gellért-Berg kommt? Hinter dieser Bezeichnung steckt nämlich eine ganz besondere Geschichte. Im 11. Jahrhundert lebte im heutigen Budapest ein Märtyrer-Bischof namens Gellért, den die damals heidnischen Ungarn in ein Holzfass einsperrten und in vollem Überdruss in die Donau warfen. Im Jahre 1904 wurde dann ein Denkmal in Gedenken an den einst lebenden Bischof Gellért fertiggestellt, um diesem mit dem Namen Gellért-Berg die Ehre zu erweisen.

Huch, was sehe ich denn da? Das sieht doch aus wie die Freiheitsstaute in New York. Richtig gesehen! Auch auf dem Gellért-Berg in Budapest haben die Ungarn eine Art Freiheitsstatue erbaut, sie soll an die Soldaten der Roten Armee erinnern, die Ungarn 1945 von Deutschland befreite. Diese Statue können Sie von jedem Winkel Budapests aus erblicken.

Wollen wir gemeinsam hoch hinaus? Dann lassen Sie uns doch zusammen auf die Spitze des mächtigen Gellért-Bergs wandern und von dort aus einen Augenschmaus genießen. Darf ich Ihnen einen Geheimtipp verraten? Wollen Sie Budapest mal auf eine ganz besondere Art und Weise erblicken, so warten Sie doch, bis die Dunkelheit eingebrochen ist, und schauen sich die schöne Stadt bei Nacht an. Unter dem Motto „Budapest by night" können Sie Gänsehaut pur erleben. Auch wenn der Weg nach ganz oben für den ein oder anderen sehr anstrengend sein kann, verspreche ich Ihnen, dass es die Mühe auf alle Fälle wert ist.

Packen Sie doch für den Fall der Fälle auch eine Taschenlampe ein, es könnte sein, dass nicht jeder Winkel des Fußwegs bei Nacht beleuchtet ist. Für die Zaghaften und Schwächeren unter uns, sei es aber auch genehmigt, ganz entspannt mit dem Auto nach oben zu fahren. Sind Sie erst mal oben, versichere ich Ihnen, dass Sie Ihren Augen nicht mehr trauen können. Die Lichter der ganzen Stadt, die beleuchteten Brücken über der leise rauschenden Donau und eine Stille, die Sie nur von dort oben aus erleben können.

Noch nie zuvor habe ich Budapest als so gigantisch und wertvoll empfunden wie in dem Moment, als ich hier zum ersten Mal „Budapest by night" erlebte. Sie können sich als glücklichsten Menschen der Welt schätzen, dies nun auch erleben zu dürfen. Planen Sie hierfür genügend Zeit ein, denn neben dem anstrengenden Fußweg wäre es schade, wenn Sie hier oben nicht einfach mal alles auf sich wirken lassen könnten.

PANORAMABLICK AUF DER SPITZE
DES JÁNOS-BERGS

Wenn ich schon einmal dabei bin, von schönen Aussichten und Panoramaausblicken zu erzählen, so möchte ich Ihnen noch einen weiteren geheimen Tipp mit auf den Weg geben. Hierfür müssen wir jedoch den hübschen Gellért-Berg verlassen und uns auf den Weg zum 529 Meter hohen János Berg, fernab von all dem Stadtlärm und den 2.000.000 Einwohnern Budapests, machen.

Kommen Sie mit mir auf den höchsten Aussichtspunkt der ungarischen Hauptstadt Budapest, um für einige Sekunden in völliger Ruhe Frieden zu finden. Sollte Sie im Frühjahr oder Sommer anreisen, kann ich Ihnen garantieren, dass Sie dieses Erlebnis zu den schönsten Ihrer Reise zählen werden. Mit dem Bus erreichen Sie in 15 Minuten die Spitze des Berges und können dabei die Schönheit der Natur in vollen Zügen genießen.

Weitere 5 Minuten Fußweg, der für gebrechliche Menschen auch anstrengend sein kann, aber im Vergleich zu unserem Gellért-Berg gut zu bewältigen ist, und schon haben Sie ihr Traumziel erreicht. Gehen Sie aber hier besonders achtsam mit der Natur um, denn Sie befinden sich in einem Naturschutzgebiet. Sollten Sie sich hier unangemessen verhalten, kann dies zu hohen Geldstrafen führen.

Von dem hochragenden Aussichtsturm können Sie die besten Panoramablicke über die Stadt erhaschen, also seien Sie auch hier mit genügend Zeit gewappnet. Doch wie sagt man so schön? Das Beste kommt zum Schluss. Und das ist tatsächlich hier der Fall. Um einen spaßigen Ausflug auf den hohen János Berg perfekt abzuschließen, nutzen Sie hier für wenig Geld den Sessellift zurück in die Stadt. In gemütlichem Tempo können Sie hier nochmal richtig tief durchatmen und umgeben von Bäumen auf die gigantische Stadt Budapest blicken.

GOURMET-PARADIES IN DER GROSSEN MARKTHALLE

Darf es jetzt noch etwas Kulinarik für das leibliche Wohl sein? Dann kommen Sie mit mir in ein Lebensmittelparadies, das mit Sicherheit Eindruck schindet. Erleben Sie mit mir die interessante Mischung aus einem Gourmet-Paradies und Handwerkskunst, die Ihre Sinne auf die Spitze Ihrer Empfindungen treiben wird. Die große Markthalle in Budapest, auch Nagy Vásárcsarnok genannt, befindet sich in der Nähe der Freiheitsbrücke und ist für viele

Budapester das Zentrum zum Einkaufen frischer Lebensmittel.

Komisch, da drin soll diese Markthalle sein? Neben dem großen Universitätsgebäude der Corvinus-Universität scheint die Große Markthalle in Budapest so schmächtig und unbedeutend. Haben Sie das Gebäude aber erst einmal betreten, werden Sie verstehen, was hieran so besonders ist. Man muss es gesehen und gefühlt haben, um zu verstehen, was die Budapester Bürger und zahlreiche Touristen tagtäglich hierher lockt.

Auffällig an dieser Markthalle sind zunächst die vielen Sonnenstrahlen, die aufgrund der legeren Stahlkonstruktion in das Gebäude gelangen. Somit ist die Große Markthalle im Vergleich zu vielen anderen Markthallen stets beleuchtet. Starten wir unsere aufregende Reise durch die Große Markthalle doch im Erdgeschoss, wo Sie das vielversprechende Gourmetparadies erleben können. Hier finden Sie ungarische Delikatessen soweit das Auge reicht, deren Angebot selbstverständlich auch nicht ganz unabhängig von der Jahreszeit ist.

Beginnen wir doch auf der linken Seite, wo auch dem größten Gemüsefeind das Wasser im Mund zusammenläuft. Obst und Gemüse sind hier oft in künstlerischen Türmen angehäuft und erlauben dem Käufer, sie in ihrer Vielfalt neu zu entdecken. Haben Sie vor, noch am selben Abend gemeinsam mit der Familie zu kochen, so können Sie ruhig zu den preiswerteren Lebensmitteln greifen.

Soll der Vorrat jedoch über einige Tage hinweg frisch bleiben, so sollten Sie, was Ihr Budget betrifft, tiefer in die Tasche greifen. Ich kann Ihnen garantieren, eine solch große Auswahl an Paprika wie hier haben Sie in Ihrem Leben noch nicht gesehen. Es ist für den Gourmetfreund ein Erlebnis wert, die ein oder andere Paprika zu kosten.

Jetzt freut sich der Wurst- und Fleischliebhaber, wenn wir gleich an zahlreichen Salamiständen vorbeilaufen. Auch ich habe es jedes Mal versucht, meiner Salamileidenschaft zu widerstehen. Also tun auch Sie sich keinen Zwang an und kosten Sie von der in meinen Augen besten Salami der Welt. Auch hier wird jedes Klischee über die Ungarn erfüllt, also greifen Sie auch gerne zur bekannten Pick-Salami. Lassen Sie sich raten, sollten Sie eine gute Salami haben wollen, schlendern Sie an den vorderen Ständen vorbei und suchen sich einen weiter hinten auf der linken Seite.

Die meisten Touristen tappen in die Falle und kaufen gleich am ersten Stand, wo die Salami sofort ein paar Forint mehr kostet. Auch die Gänseleber ist in Ungarn eine besondere Delikatesse, die aber gewisse Geschmacksvorlieben bedarf. Sollten Sie zum ersten Mal eine Gänseleber versuchen, so tun Sie dies in einem dafür bekannten Restaurant. Denn richtig zubereitet kann eine solche Gänseleber außerordentlich gut schmecken.

Oder sind Sie mehr der süße Typ, der kein Gefallen an Gemüse oder Wurst findet? Dann sind Sie hier in der Honig-Abteilung genau richtig. Auf der rechten Seite der Halle finden Sie eine riesige Vielfalt von verschiedensten Honigsorten. Wenn Sie ganz klassisch bleiben möchte, dann kosten Sie doch den weitbekannten Akazienhonig. Sind Sie aber eher experimentierfreudig, so kann ich Ihnen den etwas aromatischeren Lindenhonig oder aber auch den Knoblauch-Honig wärmstens empfehlen.

Darauf erstmal ein guter Schluck Wein, für den Ungarn weltbekannt ist, der Tokajer allen voran. Sollten Sie jedoch eine größere und gehaltvollere Auswahl an Weinen genießen wollen, dann sollten Sie hier lieber keinen Wein kaufen. Das Angebot an Weinen beschränkt sich in der Großen Markthalle auf ein kleineres Angebot für Touristen, den guten Wein bekommen Sie preiswert in jedem Fachhandel.

Auch dem Gewürzliebhaber wird hier in der Großen Markhalle ein großes Angebot geliefert, was dessen Herz zum Lachen bringen sollte. Als teuerstes Gewürz der Welt wird Safran auch hier in der Großen Markthalle in rauen Mengen angeboten. Seien Sie aber vorsichtig, sollte es sich bei dem Angebot um ein Schnäppchen handeln.

Hier ist davon auszugehen, dass Sie wohl in die Falle gelockt werden und es sich bei dem so zart-rötlich aussehenden Gewürz nicht um echten Safran handelt. Um wirklich sicher zu gehen, dass Sie echten Safran direkt vor sich sehen, sollten Sie entweder auch hier einen Fachhandel besuchen oder als wahrer Gewürzkenner von einem grob genannten Preis von 8 € pro Gramm ausgehen. Aber auch der unechte Safran, der sogenannte ungarische Saflor hat dem Feinschmecker einiges zu bieten. Springen Sie auch hier über Schatten und würzen Sie ihr nächstes Schmorgericht mal großzügig mit ungarischem Saflor. Sie werden es lieben!

Hoppla, wo geht es denn da hin? Richtig gesehen, die Große Markthalle von Budapest umfasst nicht nur ein großes Obergeschoss mit breitgefächerten Angeboten. Auch das Untergeschoss, das man möglicherweise erst auf den zweiten Blick entdeckt, ergänzt das Delikatessenangebot reichlich. Auch ich habe erst bei meinem zweiten Besuch der Großen Markthalle bemerkt, dass man auch hier seiner Gaumenfreude etwas Guten tun kann.

Leider wird das Untergeschoss der Großen Markthalle größtenteils von einem Aldi eingenommen, was für den Touristen und auch für den Budapester nicht sonderlich beeindruckend ist. In früheren Zeiten konnte man sich hier als Fischliebhaber besonders austoben.

Da es für Fischlieferanten aus logistischen Gründen einfacher war, von der Donau direkt zur Großen Markthalle zu liefern, verlagerte man die Fischabteilung aus besseren Gegebenheiten für die Anlieferung ins Untergeschoss. Heute finden Sie neben dem bereits erwähnte Aldi nach wie vor einige Stände, die Haushaltswaren, Wild und Fisch verkaufen. Haben Sie schon einmal was von Nockerl gehört? Dann essen Sie bestimmt auch die uns bekannten Spätzle, die es sonntags zur fein abgeschmeckten Lende gibt. Probieren Sie doch mal die ungarische Variante und kaufen sich direkt aus dem Zentrum eine Nockerl-Reibe.

Gehen wir nun gemeinsam ins Obergeschoss, wo Ihnen von Handwerkskunst bis Plunder nahezu alles zur Verfügung steht. Bevor Sie sich aber in das Einkaufserlebnis stürzen, werden Sie doch einen kurzen Blick nach unten. Nicht zu fassen, welche ein turbulentes Treiben in dieser großen Halle vor sich geht. Auch bei Souvenirs und jede Menge Kitsch gehen den Ungarn keineswegs die Ideen aus. Von Paprikapulver in kreativ gestalteten Paprikaschoten aus Keramik, über Donald Trump oder John Lennon als Matroschka, bis hin zu handgemachten Filztaschen finden Sie hier alles.

Lassen Sie sich aber auch hier, was den Preis angeht, nicht übers Ohr hauen. Hier empfehle ich Ihnen wärmstens, den Handarbeitsstand in der linken hinteren Ecke der oberen Etage. Eine Vielfalt von selbstbestickten Tischdecken oder Blusen mit wunderschönen Motiven können Sie hier für einen gerechtfertigten Preis gut erwerben. Seien Sie jedoch in Sachen Bücher gewarnt. Diese werden hier teilweise sogar zum doppelten Preis wie gewöhnlich angeboten. Lassen Sie davon also lieber die Finger und besuchen Sie für einen Bucheinkauf lieber einen Fachhandel.

Wenn wir schon einmal dabei sind, auf welchen Touristenfallen Sie unbedingt achten sollten, lassen Sie mich Ihnen noch den ein oder anderen Rat mit auf den Weg geben. Haben Sie sich auch schon gefragt, in welcher Währung Sie hier eigentlich bezahlen sollen. In Euro? Oder vielleicht doch lieber in Forint? Fakt ist, dass es Ihnen hier tatsächlich ermöglicht wird, in beiden Währungen problemlos zu bezahlen. Aber auch hier, geben die Budapester alles in ihrer Macht Stehende, um den größtmöglichen Gewinn auszuschlagen.

Deshalb wird für Touristen, die unbedingt in Euro bezahlen möchten, der ein oder andere Euro aufgeschlagen. Seien Sie also auch hier vorsichtig und zahlen Sie lieber in Forint, wenn Sie auf der sicheren Seite sein möchten.

BEZAHLEN IN DER UNGARISCHEN WÄHRUNG

Puh, aber mit so viel neuem Geld, das man bisher noch nie gesehen hat, kann so ein Shoppingerlebnis schon einmal ziemlich anstrengend werden. Dann lassen Sie uns doch jetzt gemeinsam die Währung durchgehen, damit Sie bestens gerüstet sind.

Die ungarische Währung hat sowohl Münzen als auch Scheine. Während wir in Euro lediglich mit maximal 500 € Scheinen bezahlen können, können die Ungarn sogar mit 20.0000 Forint-Scheinen einen Einkauf starten. Hier stehen Ihnen der 500 Forint-Schein, der 1000 Forint-Schein, der 2000 Forint-Schein, der 5000 Forint-Schein und der 10.000 Forint-Schein zusätzlich zur Verfügung. In Münzen können die Ungarn mit 5, 10, 20, 50, 100 und 200

Forint-Münzen bezahlen. Bei den ganzen Verwirrungen fragen Sie sich natürlich auch, wie viel Forint denn jetzt beispielsweise ein Euro sind. Dann lassen Sie sich sagen, dass 1 € unserer Währung etwa 354 Forint der ungarischen Währung entsprechen.

Super, dann sind Sie ja bestens vorbereitet und können Ihr unvergesslichen Shoppingerlebnis sofort starten. Lassen Sie sich Zeit und schauen Sie sich ruhig auch gerne jeden einzelnen Stand an, es wird sich lohnen.

Alles Wissenswerte auf einen Blick

Auf einer spannenden Tour durch die wunderschöne Hauptstadt Ungarns haben wir nun die Schönheit Budapests in aller Vielfalt erleben dürfen. Von Kunst und Kultur, über das Flair in der Stadt und den dort Einheimischen, bis hin zu der sagenhaften Geschichte Ungarns sowie den süßen und herzhaften Delikatessen, ging uns auf unserer schönen Reise nichts verloren. Geben Sie es zu! Auch Sie haben sich, wenn auch nur ein bisschen, unsterblich in diese herrliche Stadt verliebt und überlegen jetzt schon, wann Sie das nächste Mal zurückkehren werden.

Vielleicht das nächste Mal zu einer anderen Jahreszeit, denn Budapest hat in Frühling, Sommer, Herbst und Winter verschiedenste Eindrücke zu liefern und ist auf alle Fälle jederzeit eine Reise wert. Genießen Sie Budapest im Frühling in seiner Blüte und im Sommer die heißen Sommertage und ach so herrlichen Sommernächte, in denen Sie auch ohne, dass Ihnen dabei kalt wird das eindrucksvolle „Budapest by night" auf dem mächtigen Gellért-Berg starten können.

Was gibt es Herrlicheres, als einen so fantastischen Ausblick über ganz Budapest zu genießen und dabei die Brise einer warmen Sommernacht auf der Haut zu spüren? Romantik pur, die Ihnen hier geboten wird. Oder aber Sie besuchen Budapest im Herbst, wenn es langsam kalt wird, und besuchen eines der beheizten und heilenden Thermalbäder, die Sie in Budapest so zahlreich finden. Auch im Winter wirkt die möglicherweise mit Schnee bedeckte Stadt plötzlich so unantastbar und wertvoll, dass Sie bei zahlreichen Winterspaziergängen sowohl in der Stadt als auch auf Budapests Bergen unvergessliche Stunden verbringen können.

Entscheiden Sie bewusst, wie Sie in diese fantastische Stadt reisen möchten und was Ihr Geldbeutel für Ihre Hotelunterkunft übriglässt. Erleben Sie ein mehrtägiges Abenteuer, bei dem Sie mit den in meinen Augen freundlichsten und aufmerksamsten Menschen in Kontakt treten und das unfassbare Flair der Stadt innig auf sich wirken lassen können.

Planen Sie nicht zu viel Geld für Lebensmittel ein, denn in Budapest können Sie auch schon für wenig Geld das beste Essen der ganzen Stadt genießen und die Kulinarik Ungarns mit ihren Delikatessen in all ihrer Vielfalt erleben. Von herzhaftem Gulasch über Süßspeisen wie den Palatschinken bis hin zu den Verdauungsschnäpschen Unicum dürfen Sie sich auch hier nichts entgehen lassen. Geld für elektronische Produkte sowie Geld für Kosmetikprodukte lassen Sie auf meinen Rat am besten ganz zu Hause, da Sie sonst einiges an überflüssigen Münzen loswerden.

Lassen Sie sich auch den ein oder anderen Blick auf die ach so adrett gekleidete ungarische Frau nicht entgehen, an der man sich in Sachen Kleidungsstil, Gangbild und Parfum als deutsche Frau gerne mal ein Beispiel nehmen darf. Schenken Sie auch dem kecken Klang der harmonischen ungarischen Sprachen ein Ohr und lassen Sie diese als

Melodie auf sich einwirken. Wenn der ein oder andere ungarische Bürger der deutschen Sprache mächtig ist, lassen Sie sich auch hier den urigen und süßen ungarischen Akzent nicht entgehen. Dies wird auf jeden Fall ein Schmunzeln auf Ihre ohnehin schon strahlenden Lippen zaubern.

Lassen Sie auch keine meiner Lieblingssehenswürdigkeiten und Orte, die wir auf unserer Reise so zahlreich besichtigt haben, unbesucht. Egal ob Fischerbastei, Parlament, die Große Markthalle oder der faszinierende Gellért-Berg, jeder dieser Orte ist es wert, mehr als nur einmal gesehen und in seiner Schönheit entdeckt zu werden.

Verlieben Sie sich mit ganz viel Freude und Begeisterung jedes Mal neu in diese faszinierende Stadt. Werden auch Sie Teil der unglaublichsten Reise, die Sie erleben werden. Freuen Sie sich auf eine der schönsten Städte Europas und lernen Sie die Hauptstadt Ungarns in ihrer Schönheit lieben!

Packliste

Geld & Finanzen

O (evtl.) Auslandswährung
O Bargeld
O Bauchtasche
O Brustbeutel
O Bauchtasche
O EC-Karte
O Kreditkarte
O Notfall-Telefonnummern der Banken
O Portmonee

Hygiene

O Haarbürste / Kamm
O Deo (klein)
O Shampoo
O Kulturtasche
O Sonnencreme
O Taschentücher

O Reise-Zahnbürste und Zahnpasta
O Verhütungsmittel

Kleidung

O Badeklamotten
O Gürtel
O Hosen kurz / lang
O Mütze / Cap / Hut
O Pullover
O Regenjacke
O Schlafanzug
O Socken
O Sonnenbrille
O Sportklamotten / Jogginghose
O T-Shirts
O Unterwäsche

Medikamente

O Blasenpflaster
O Anti-Durchfalltabletten
O Erste-Hilfe-Set

O Fiebertabletten
O Fiebertabletten
O Mückenschutz
O sonstige Medikamente
O Pflaster
O Kopfschmerztabletten

Unterlagen & Papiere

O ADAC Unterlagen
O Adresslisten für Postkarten
O Krankversicherungsnachweis
O Stadtplan
O Führerschein
O Unterlagen für die Unterkunft
O Wasserdichte Hülle für Reiseunterlagen
O Impfausweis
O Mietwagenunterlagen
O Personalausweis
O Reisepass
O Reisetagebuch
O evtl. Studentenausweis

O evtl. Visum

O Zug- / Bahn- / Flugticket

Taschen & Rucksäcke

O Koffer / Trolley / Reisetasche

O Regenhülle für Rucksack

O Rucksack

Schuhe

O Badeschlappen / Hausschuhe

O Schuhe und Wechselschuhe

Sonstiges

O Brille / Kontaktlinsen und Etui

O Buch zum Lesen

O Ohrenstöpsel und Schlafmaske

O Regenschirm

O Reisedecke

O Wasserflasche

O Wörterbuch

Elektronik

O Digitalkamera

O Handy

O Ladekabel

O Kopfhörer

O evtl. Steckdosenadapter

O Power-Bank

Herstellung und Verlag:
BoD – Books on Demand, Norderstedt
ISBN: 9783751996549

1. Auflage
Kontakt: Psiana eCom UG/ Berumer Str. 44/ 26844 Jemgum
Covergestaltung: Fenna Larsson
Coverfoto: depositphotos.com